REGLEMENS
DE LA PLACE
DES CHANGES
DE LA VILLE DE LYON,

Proposez par les principaux Negocians de ladite Ville, & consentis par Messieurs les Prevost des Marchands & Eschevins, Iuges Gardiens, Conservateurs des Privileges Royaux de ses Foires:

Omologuez par Sa Majesté en son Conseil de Commerce, verifiez en la Cour de Parlement de Paris, & Registrez en la Jurisdiction de la Conservation des Privileges Royaux des Foires de ladite Ville.

A LYON,

Chez ANTOINE JULLIERON, seul Imprimeur & Libraire
ordinaire du Roy, du Clergé, & de la Ville,
en la place de Confort.

M. DC. LXXVIII.

Avec Privilege de Sa Majesté.

REGLEMENS DE LA PLACE

des Changes de la ville de Lyon, conformes à l'ancien usage, pour obvier à la continuation de divers abus, qui se sont glissez sur ladite Place, tant pour le retardement des payemens, qui doivent estre ponctuels, pour l'honneur & credit du Negoce, que pour les Presentations & Acceptations des Lettres de Change, Virement des Parties, prix des Changes, & autres cas concernans ledit Negoce, lesquels abus, s'il n'y estoit promptement pourveu, feroient à la fin tomber ladite Place dans un desordre entier, au grand prejudice des Marchands & Negocians, & du general de ladite Ville; Proposez par les principaux Negocians de ladite Ville, soussignez, & consentis par les Prevost des Marchands & Eschevins, Iuges Gardiens, Conservateurs des Privileges Royaux de ses Foires, pour estre sous le bon plaisir de Sa Majesté, Omologuez en son Conseil de Commerce, & en consequence tous Arrests, & Lettres necessaires expediées.

ARTICLE PREMIER.

QUE cy-apres l'ouverture de châque Payement se fera le premier jour non ferié du mois de chacun des quatre Payemens de l'année, sur les deux heures de relevée, par une Assemblée des principaux Negocians de ladite

A   Place,

Place , tant François qu'Eftrangers , en prefence de Monfieur le Prevoft des Marchands , ou en fon ab- fence , du plus ancien Efchevin , qui feront priez de s'y trouver. En laquelle Affemblée commenceront les Acceptations de Lettres de Change , payables en iceluy , & continuëront inceffamment , à mefure que lefdites Lettres feront prefentées , jufques au fixiéme jour dudit mois inclufivement ; apres lequel , & ice- luy paffé , les Porteurs defdites Lettres pourront faire protefter , faute d'Acceptation , pendant tout le cou- rant du mois , & enfuite les renvoyer pour en tirer le rembourfement , avec les frais du retour.

I I.

Que pour faire le compte , & eftablir le prix des Changes de ladite Place de Lyon avec les Eftran- gers , il fera fait pareille Affemblée , le troifiéme jour de chacun defdits mois , non ferié , auffi en prefence de Monfieur le Prevoft des Marchands , ou du plus ancien Efchevin.

I I I.

Que les Acceptations defdites Lettres de Change fe feront par écrit , dattées , & fignées par ceux fur qui elles auront efté tirées , ou par perfonnes deuë- ment fondées de procuration , dont la minutte de- meurera chez le Notaire. Et toutes celles qui feront faites par Facteurs , Commis , & autres non fondez de Procuration , feront nulles , & de nul effet contre

celuy

celuy fur qui elles auront efté tirées , fauf le recours contre l'Acceptant.

I V.

Que l'entrée & ouverture du Bilan , & Virement de Parties , commencera le fixiéme de châque mois defdits quatre Payemens , non ferié , & continuera jufques au dernier jour defdits mois incluſivement, apres lefquels , iceluy paſſé , il ne ſe fera aucun Vire-ment , ny Efcriture , à peine de nullité.

V.

Que l'on entrera pendant lefdits quatre Payemens en la Loge du Change , le matin à dix heures , pour en fortir precifément à onze heures & demie , paſſé laquelle heure , ne ſe feront aucunes Efcritures, ny Vi-rement de Parties , & pour avertir de ladite heure , on fonnera une cloche.

V L

Que ceux qui en leurs Achapts de Marchandifes auront refervé la faculté de faire efcompte , fi bon leur femble , feront tenus de l'offrir dés le fixiéme jour du mois de chacun defdits Payemens , apres le-quel , & iceluy paſſé , ils ne feront plus receus.

V I I.

Que toutes parties virées feront efcrites fur le Bi-lan par ſes Proprietaires , ou par leurs Facteurs , ou Agens , qui en feront les porteurs , fans qu'ils puiſ-

B fent

sent estre desavoüez par lesdits Proprietaires ; & seront lesdites Escritures aussi bonnes, & valables, que si elles avoient esté par eux-mesmes escrites, & virées.

VIII.

Que tous Viremens de parties seront faits en presence de tous ceux qu'on y fait entrer, ou des porteurs de leurs Bilans, à peine d'en répondre par ceux qui auront fait escrire pour les absens ; & ce sur les Bilans, & non en feüilles volantes : Et à l'égard des autres personnes de la Ville, qui ne portent point de Bilan, ils donneront leurs ordres à leurs Debiteurs par Billets, qui leur serviront de décharge du Payement qu'ils feront des parties, au desir de leurs Creanciers ; Et pour ceux de dehors, pour lesquels les Courretiers disposent les parties, ils donneront ausdits Courretiers pouvoir suffisant, qui sera remis chez un Notaire, pour la seureté de ceux qui payeront, & pour y avoir recours en cas de besoin.

IX.

Que les Lettres de Change acceptées, payables en Payement, qui n'auront esté payées du tout, ou en partie, pendant iceluy, & jusques au dernier jour du mois inclusivement, seront protestées dans les trois jours suivans, non feriez, sans prejudice de l'Acceptation ; & lesdites Lettres, ensemble les Protests envoyez dans un temps suffisant, pour pouvoir estre signifiez à tous ceux, & par qui il appartiendra ; Sçavoir

voir pour toutes les Lettres qui auront efté tirées au dedans du Royaume , dans deux mois ; pour celles qui auront efté tirées d'Italie , Suiffe , Allemagne , Hollande , Flandres , & Angleterre , dans trois mois ; & pour celles d'Efpagne , Portugal , Pologne , Suede , & Dannemark , dans fix mois , du jour & datte des Protefts , le tout à peine d'en répondre par le Porteur defdites Lettres.

X.

Que toute Lettre de Change payable efdits Payemens , fera cenfée payée : Sçavoir à l'égard des domiciliez Porteurs de Bilan fur la Place du Change de ladite Ville , dans un an ; & pour les autres , dans trois ans apres l'efcheance d'icelle , & n'en pourra le Payement eftre repeté contre l'Acceptant , fi l'on ne juftifie de diligences valables contre luy faites dans ledit temps.

X I.

Que fi les Eftrangers remettent en Comptant , ou en Lettre de Change , apres le dernier jour du mois , on ne fera obligé de les recevoir en l'acquittement de leurs Traictes faites durant ledit Payement.

XII.

Que lors qu'il arrivera une Faillite dans ladite Ville , les Creanciers du Failly , qui fe trouveront eftre de certaines Provinces du Royaume , ou des Païs Eftrangers , dans lefquels , fous pretexte de Saifie & Tranfport,

port , & en vertu de leurs pretendus Privileges ou
Couſtumes , ils s'attribuent une preference ſur les
effets de leurs Debiteurs faillis , prejudiciable aux autres Creanciers abſens & éloignez , ils y ſeront trai-
tez de la meſme maniere , & n'entreront en Repartement des effets dudit Failly , qu'apres que les autres
auront eſté entierement ſatisfaits ; ſans que cette pra-
tique puiſſe avoir lieu pour les autres Regnicoles,
ou Eſtrangers , leſquels eſtans reconnus pour legiti-
mes Creanciers , ſeront admis audit Repartement de
bonne foy , & avec équité , ſuivant l'uſage ordinaire
de ladite Ville , & de la Juriſdiction de la Conſervation des Privileges de ſes Foires.

XIII.

Que toutes Ceſſions & Tranſports ſur les effets des
Faillis ſeront nuls , s'ils ne ſont faits dix jours , au
moins , avant la Faillite publiquement connuë. Ne
ſeront neantmoins compris en cét Article les Viremens des parties faits en Bilan , leſquels ſeront bons
& valables , tant que le Failly , ou ſon Facteur porte-
ra ſon Bilan.

XIV.

Que les Tainturiers , & autres Manufacturiers
n'auront privileges pour les debtes , ſur les effets &
biens des Faillis , que des deux dernieres années ; &
pour le ſurplus, entreront dans la diſtribution, qui en
ſera faite au ſol la livre , avec les autres Creanciers.

XV.

XV.

S'il arrive qu'un Mandataire de diverses Lettres de Change acceptées , aussi Creancier de l'Acceptant, ne reçoive qu'une partie de la somme totale, & fasse dans le temps deu le Protest du surplus , la compensation legitime de sa debte estant faite , il sera obligé de repartir le restant à tous ceux qui luy auront fait lesdites remises, au sol la livre , & à proportion de la somme dont un chacun des Remettans sera Creancier.

XVI.

Tous ceux qui seront Porteurs de Procuration generale, pour recevoir le payement des Promesses, & Lettres de Change, remettront les Originaux de leur Procuration és mains d'un Notaire , & seront lesdits Porteurs de Procuration obligez d'en fournir des expeditions , à leur frais, à ceux qui payeront les susdites Lettres.

XVII.

Toute Procuration pour recevoir payement de Lettres de Change, Promesses, Obligations, & autres debtes, n'aura plus de force passé une année , si ce n'est que le temps qu'elle devra durer soit precisement exprimé; auquel cas elle servira pour tout le temps qui sera enoncé en icelle, s'il n'aparoît d'une revocation.

C   XVIII.

XVIII.

Que les Faillis, & Banqueroutiers, ne pourront entrer en la Loge du Change, ny escrire & virer parties, si ce n'est apres qu'ils auront entierement payé leurs Creanciers, & qu'ils en auront fait apparoir. Et pour donner moyen ausdits Faillis de payer leurs Creanciers des effets qu'ils auront à recevoir, ils le pourront faire par Transports, Procurations, ou ordres, à telles personnes qu'ils adviseront, lesquels payeront à leur Acquit ce qu'ils ordonneront, & seront nommez pour eux aux parties qui seront passées en escritures.

XIX.

Les Courretiers, ou Agens de Banque & Marchandises de ladite Ville seront nommez par lesdits Prevost des Marchands & Eschevins, entre les mains desquels ils presteront le serment, en la maniere accoustumée, en justifiant par des Attestations des principaux Negocians, en bonne & deüe forme, de leurs vie & mœurs, & capacité au fait & exercice de ladite Charge; & seront lesdits Courretiers reduits à un certain nombre, & tel qu'il sera jugé convenable par lesdits Sieurs Prevost des Marchands & Eschevins, sur l'advis desdits Negocians.

XX.

Que tous Banquiers, Porteurs de Bilan, & Marchands en gros, negocians sous les Privileges des Foi-

res

res de Lyon , seront obligez de tenir Livres de Raison en bonne & deüe forme ; & tous Marchands , Boutiquiers , & Vendans en détail , des Livres journaux; autrement , en cas de déroute , seront declarez Banqueroutiers frauduleux , & comme tels , condamnez aux peines qu'ils devront encourir en ladite qualité.

XXI.

Que tres-expresses inhibitions & deffenses seront faites à toutes personnes , de quelque qualité & condition qu'elles soient , de contrevenir à ce que dessus directement ou indirectement , à peine de trois mille livres d'amande contre châque contrevenant , applicable , sçavoir le quart à l'Hostel-Dieu du Pont du Rosne , le quart à l'Aumosne Generale , le quart au Denonciateur , & le quart à la reparation de la Loge des Changes ; pour le payement de laquelle ils seront contraints par corps , saisie , & vente de leurs biens: Et pour plus exacte observation des presentes , sera permis à l'un desdits Contrevenans , de denoncer les autres Contrevenans avec luy ; auquel cas il sera déchargé , pour la premiere fois , de payer ladite peine , & aura son droit de denonciation. Et afin que personne n'en puisse ignorer , seront les presentes leuës , & publiées à son de Trompe , & cry public , & affichées au devant de l'Hostel de Ville , en la Place des Changes , & autres lieux accoustumez ; Et passé outre pour le tout , nonobstant oppositions , ou appellations quelconques , & sans prejudice d'icelles. Signé , Chappuis , Dalichous , Bererd , Hugues André,

dré , Mazenod, de Ponſainpierre, Thomé, Dema-
dieres, Vacheron, P. Boiſſe, Jean Mathieu Dupuis,
Rondet, Blauf, Malmont, Simonard, B. Jobert,
Rigioly, Raffellin, Ceré, Rolland, Debelly, Thomé
freres, Delapraye, Deſſartines, Jean Beneon, Bay,
Blaiſe Clairet, Perrin, Gaſpariny, Vareilles, Phili-
bert & Chappard , P. Borde , Fulquery, Le Roy,
Albanel , Ranuier , Bernardin Reynon , Perier &
Saladin, Monin , Sabot , Arnaud, Paige , Drivon,
Pulligneux , Millotet , Mercier , Alexandre, Jean
Juge.

NOus Prevoſt des Marchands & Eſchevins de
la Ville de Lyon, Preſidens, Juges Gardiens,
Conſervateurs des Privileges Royaux des Foires de
ladite Ville ; Ayant veu les Reglemens de la Place
des Changes, concertez, & propoſez par les principaux Negocians de ladite Ville , qui ont ſigné cy-
deſſus, & d'autre part ; conſentons & approuvons,
ſous le bon plaiſir de ſa Majeſté, qu'ils ſoient executez ſelon leur forme & teneur ; Et pour cet effet,
Omologuez par tout où beſoin ſera, & où il plaira à
ſa Majeſté de l'ordonner. En témoin dequoy, Nous
Paul Maſcranny , Eſcuyer, Seigneur de la Verriere,
Prevoſt des Marchands ; François Savaron, Conſeil-
ler, Secretaire du Roy & de ſes Finances ; Antoine
Bellet ; André Falconet, Seigneur de Saint Hervais,
Conſeiller & Medecin ordinaire du Roy, aggregé au
College de Lyon , & Eſtienne Berton , Seigneur de
Flacé , de Villards , & de Nequdois, Conſeiller du
Roy

Roy en ſes Conſeils, & en la Seneſchauſſée & Siege
Preſidial dudit Lyon , Eſchevins ſuſdits ; Avons fait
expedier ces preſentes , icelles ſignées , fait contreſi-
gner par le Commis au Secretariat , & ſceller des Ar-
mes de ladite Ville, & Communauté , le 2. jour du
mois de Juin 1667. Signé Maſcranny, Savaron, Antoine Bellet , Falconet , & Berton ; & au deſſous , par
Ordonnance du Conſulat. Signé Renaud , avec Pa-
raphes.

*Expedié & deliꝟré la preſente Groſſe , en conſequence de
l'Arreſt du Conſeil de ce jourd'huy 7. Iuillet 1667. qui Homologue le preſent Reglement , pour eſtre mis ſous le contreſeel dudit
Arreſt.* Collationné BERRYER.

EXTRAIT DES REGISTRES
du Conſeil d'Eſtat.

SUR ce qui a eſté remontré au Roy en ſon
Conſeil , par les Marchands trafiquans de
la Ville de Lyon ; Que depuis quelque
temps , il s'eſt gliſſé beaucoup d'abus , & un mau-
vais uſage pour l'Acceptation , Cautionnement , &
Proteſt des Lettres de Change , & pour les Privileges
qui ſont attribuez aux Negocians de ladite Ville, pour
les Payemens des quatre Foires d'icelle ; Ce qui pourra
cauſer un prejudice notable au Commerce , s'il n'y eſt

D   prompte

promptement remedié par un Reglement authorifé par fa Majefté , & qui fe puiffe executer , tant par ceux de ladite Ville , que par tous Marchands François , & Eftrangers , & autres perfonnes. Sur quoy ils auroyent arrefté à la Loge du Change de ladite Ville de Lyon , vingt-un Articles des chofes principales , fur lefquels ils croyoient qu'il eft befoin de prononcer , qui ont efté communiquez à aucuns des principaux Marchands de la Ville de Paris , & des autres Villes du Royaume. Sa Majefté defirant pourvoir , & remedier aux inconveniens qui en peuvent arriver , elle auroit fait examiner lefdits Articles en fondit Confeil Royal du Commerce ; Et fur le tout , Oüy le rapport du Sieur Colbert , Confeiller audit Confeil , & Controolleur general des Finances : SA MAJESTE' EN SON CONSEIL ROYAL , a Homologué & Homologue lefdits Articles , en forme de Reglemens arreftez par les Marchands de ladite Ville de Lyon : Ordonne fa Majefté qu'ils feront executez felon leur forme & teneur , fur les peines portées par iceux : Enjoint fa Majefté aux Prevoft des Marchands , Efchevins , & Juges Confervateurs des Privileges de ladite Ville , d'y tenir la main , & empefcher les Contraventions qui y pourroyent eftre apportées , à peine d'en répondre en leurs propres & privez noms ; Nonobftant les Declarations, Arrefts, & Ordonnances qui pourroient avoir efté faites au contraire , aufquelles fa Majefté a dérogé & déroge pour ce regard feulement. Et fera le prefent Arreft leu , publié, & affiché par tout où befoin fera , &

executé

executé nonobſtant oppoſitions , appellations, &
autres empeſchemens , pour leſquels ne ſera differé ; &
pour cet effet , ſeront toutes Lettres neceſſaires expediées , & ſcellées. FAIT AU CONSEIL D'ESTAT
DU ROY, tenu à Compiegne le 7. jour de Juillet 1667.
Collationné BERRYER.

LOUIS PAR LA GRACE DE DIEU ROY
DE FRANCE ET DE NAVARRE : A nos chers
& bien amez les Prevoſt des Marchands
& Eſchevins, Preſidens , Juges Gardiens,
Conſervateurs des Privileges des Foires de noſtre
bonne Ville de Lyon, Salut. Suivant l'Arreſt ce jour-
d'huy donné en noſtre Conſeil Royal , Nous avons
Homologué & Homologons par ces preſentes, les Articles en forme de Reglemens, arreſtez par les principaux Marchands negocians de ladite Ville, cy avec ledit Arreſt attachez ſous le contreſcel de noſtre Chan-
cellerie. A ces cauſes, Nous vous mandons & en-
joignons de tenir la main, à ce qu'ils ſoient executez
ſelon leur forme & teneur, & empeſcher les Contraventions qui y pourroient eſtre apportées, à peine d'en
répondre en vos propres & privez noms, nonobſtant
les Declarations , Arreſts & Ordonnances que nous
pourrions avoir fait au contraire , auſquelles nous
avons dérogé & dérogeons, pour ce regard : Com-
mandons au premier des Huiſſiers de nos Conſeils,
ou autre noſtre Huiſſier ou Sergent ſur ce requis, de
faire pour l'execution dudit Arreſt , toutes Significa-
tions , Actes & Exploits requis & neceſſaires, ſans
autre

autre permiſſion, nonobſtant oppoſitions, appellations, & autres empeſchemens, pour leſquels ne ſera
differé : Voulons que ledit Arreſt ſoit leu, publié, &
affiché par tout où beſoin ſera, & qu'aux Copies d'i-
celuy, & des preſentes collationnées par l'un de nos
amez & feaux Conſeillers & Secretaires, foy ſoit ad-
jouſtée, comme aux Originaux; CAR TEL EST
NOSTRE PLAISIR. DONNE' à Compiegne le 7.
jour de Juillet, l'an de grace 1667. Et de noſtre re-
gne le 25. Signé, PAR LE ROY EN SON CON-
SEIL, BERRYER. Et ſeelllé du grand Sceau de
cire jaune, ſur ſimple queüe, & contreſeellé du petit
ſeel de meſme cire.

Les ſuſdits Reglemens & Arreſt, ont eſté leus &
publiez en la Cour de la Conſervation des Privileges
Royaux des Foires de Lyon à jour de plaidz, & iceux
tenans; Ouï & ce requerant le Procureur du Roy en
ladite Cour, dont a eſté octroyé Acte; & Ordonné
qu'ils ſeront Regiſtrez au Greffe de ladite Conſervation, & publiez à ſon de Trompe, à cry public, & af-
fichez par les Carrefours de cette Ville, & paſſé outre
nonobſtant oppoſitions ou appellations quelconques,
& ſans prejudice d'icelles. FAIT ce cinquiéme Sep-
tembre, mil ſix cens ſoixante-ſept.

EXTRAIT

EXTRAIT DES REGISTRES
de Parlement.

Eu par la Cour les Lettres Patentes données à Compiegne le dix-huitiéme Juillet dernier, Signées LOUIS, sur le reply par le Roy, DE LYONNE, & scellées du grand Sceau de Cire Verte ; par lesquelles & pour les causes y contenuës, ledit Seigneur Roy auroit Homologué les Articles en forme de Reglemens dressez par les Prevost des Marchands & Eschevins de la Ville de Lyon, sur le fait des quatre Payemens & Foires de ladite Ville de Lyon, tant pour l'ouverture desdits Payemens, que pour les Acceptations des Lettres de Changes, Protests & Renvoys d'icelles, Arrest du Conseil Royal, du septiéme Juillet de la même année , contenant l'Homologation desdits Articles , lesdits Articles en forme de Reglemens au nombre de vingt-un , approuvez par lesdits Prevost des Marchands & Eschevins : Requeste desdits Prevost des Marchands & Eschevins à la Cour du septiéme du mois de May mil six cens soixante-huit : Arrest par lequel avant proceder à l'Enregistrement desdites Lettres , il auroit esté Ordonné qu'elles seroient communiquées à six Marchands Negocians de cette Ville de Paris , qui

E   seroient

seroient par Nous nommez d'office ; pour donner leur Advis sur icelles, pour ce fait, & rapporté, estre Ordonné ce qu'il appartiendra : Advis donné en execution dudit Arrest par les nommez, le Vieux, de Sauteüil, Petit, Pestalozi, Fromont & Saulnier Marchands Banquiers de cettedite Ville de Paris, du douziéme dudit mois de May : Conclusions du Procureur General du Roy, & tout consideré, LADITE COUR a Ordonné & Ordonne lesdites Lettres & Reglemens estre Registrez au Greffe d'icelle, pour estre executées & jouïr par les Impetrans de l'effet y contenu selon leur forme & teneur. FAIT au Parlement, le dix-huitiéme May mil six cens soixante-huit. *Collationné.*

Signé ROBERT.

Les Reglemens & Arrest cy-dessus ont esté leus & publiez à haute & intelligible voix, cry public & son de Trompe, à la place du Change & de l'Herberie, & autres Carrefours & lieux accoustumez de ladite Ville à faire Publication, afin que personne n'en pretende cause d'ignorance, par moy Iean Louis, premier Huissier Audiencier en la Conservation dudit Lyon, y demeurant ruë du Palais, Parroisse de Sainte Croix, sous-signé, le sixiéme de Iuin 1668. assisté de Pierre Iacquier Trompette Ordinaire de ladite Ville aussi sous-signé.